GUIDE DU SALON

Les changements survenus dans l'organisation du *Salon*, les rumeurs qui les ont grossis, les racontars qui les ont dénaturés, ont jeté je ne sais quelle incertitude dans l'esprit de beaucoup gens, qui s'imaginent que l'exposition, cette année, sera difficile, peut-être impossible à voir.

C'est pour combattre cette erreur, préjudiciable aux intérêts des artistes et au plaisir du public, que nous écrivons ces pages.

Une personne intelligente et valide, peut voir le Salon en une demi-journée — soit, si l'on veut deux promenades, de trois heures chaque.

Mais pour cela un guide est nécessaire. Bien que n'ayant aucune plaque sur la poitrine, nous nous offrons pour en tenir lieu — moyennant 25 centimes aux personnes qui voudront bien nous honorer de leur confiance.

Le premier étage du palais de l'Industrie est, comme on sait, réservé à la peinture, à l'aquarelle, à l'architecture, à la lithographie, aux vitraux et aux céramiques.

Nous y accédons par le grand escalier à double rampe, qui correspond au porche central du monument. Le palier supérieur de cet escalier a reçu six peintures monumentales qu'il faut regarder en passant : elles ne manquent ni de style ni de caractère.

Ce sont :

A gauche, *la Visitation de la Sainte Vierge*, par MACHARD, accostée du *Serment* de Priou, et du *Martyre d'une chrétienne* par Becker;

A droite, *Renaud de Bourgogne* donnant des lettres d'affranchissement à la ville de Belfort. Pour pendant, deux compositions d'un artiste éminent, EUGÈNE THIRION : La *France* présentant la paix au monde, et la symbolisation d'une grande idée, — qui n'est pas allemande:—la *Force* protégeant le Droit.

L'exèdre de l'escalier nous fait communiquer avec le Salon d'honneur.

8º V
6945

LOUIS ENAULT

GUIDE DU SALON

CONTENANT :

1° Un Plan de l'Exposition ;

2° L'Explication du nouveau Classement des Ouvrages ;

3° L'Indication sommaire des Œuvres Principales

de Peinture, Sculpture, Aquarelle, &ª.

PRIX : **25** CENTIMES

PARIS

Au Bureau du *Moniteur des Arts*

A. CHÉRIÉ, ÉDITEUR

13, RUE DE MÉDICIS, 13

1880

Ici tout est à voir; on nous a fait une gerbe avec la fleur des pois de l'année.

Chacune des quatre parois du salon a été divisée entre les quatre catégories créées par l'administration supérieure, les *hors concours*, les *exempts*, les *non-exempts* et *les étrangers*.

Les hors concours occupent la paroi que nous rencontrons à notre main droite en entrant.

On y remarquera les *Palanquins de Laghouat*, grandes lignes et belles couleurs, par M. Guillaumet;

La *Flagellation du Christ*, de M. William Bouguereau;

La *Halte*, de M. Adrien Moreau, avec un délicieux type de femme blonde;

Le *Retour de la chasse*, genre et paysage mélangés, de M. Harpignies;

La *Grève des charbonniers*, de M. Roll — tableau dans la manière noire — qui est ici de la couleur locale.

Sur la paroi qui fait face à la porte d'entrée, on a placé les NON EXEMPTS, c'est-à-dire ceux qui sont encore soumis à l'examen du jury.

M. Adelsward, avec son Allée de tilleuls;

M. Baugnies, avec la Danseuse du Caire ;

Mme Beauvais, avec la *Mort d'Albine*;

Mme Louis Énault, avec la *Peine de cœur*, une œuvre exquise ;

M. Dement-Breton, avec la Source et l'Enfance de Flore, deux toiles d'un sentiment très-poétique ;

MM. Jazet et Loustaunau avec deux tableaux spirituels et malicieux, le Loup dans la bergerie, et le Départ de l'escadron ;

M. Bonnefoy, avec son Mois de juin en Danemark, d'une pastorale verte.

Tout ceci est sur la cymaise, — au second étage, j'aperçois saint Benoît ressuscitant un enfant, par M. Ravaut ;

Camille Desmoulins au Palais Royal, par M. Lix ;

Otello et Desdemona, — une jolie chambre et un affreux noir, — par M. Munoz-Degrain.

Dans la section des étrangers, j'indiquerai :

L'Ile des Arméniens, sur la lagune de Venise, par William Wyld;

La Gardeuse de chèvres, de Palizzi ;

Les Quatre saisons, de Lawrence Alma Tadéma ;

Deux portraits, de M. Castiglione ;

Les Bibliophiles, de M. Jimenez-Aranda — très humoristique et fort amusant ;

Puis une composition immense, la bataille de Grünwald, par Jean Matezko — d'une couleur brillante — et fausse.

En face des NON-EXEMPTS on a placé les EXEMPTS.

Voici d'abord M. Guay, avec le Martyre de sainte Pauline ;

Mme Delphine de Cool, avec les Premières peines ;

M. Coubre, avec sa *Rencontre d'amazones et de cavaliers* ;

M. Coroenne, avec un beau portrait d'homme ;

M. Brissot, avec de jolis moutons dans une bruyère ;

M. Wencker, avec Saül consultant la pythonisse d'Endor.

*
* *

Si maintenant le lecteur veut bien jeter les yeux sur le plan annexé à cette plaquette, nous allons lui faire faire un voyage d'exploration très facile, — nous prendrons à droite du salon d'honneur, la salle qui porte sur ce plan, le n° 14 — et nous suivrons le développement successif des galeries en tenant toujours notre droite.

Nous nous trouvons ainsi à notre début avec les œuvres des HORS CONCOURS, les plus intéressantes par le nom de leurs auteurs, depuis longtemps en possession de la faveur publique.

Ici, nous nous contentons d'une indication rapide.

SALLE XIV.

Le Job de Bonnat, — la chose la plus remarquée du salon; — le *Clou*, — le chef-d'œuvre de l'exécution trompe l'œil;

Le Divertissement champêtre, de Toudouze;

L'Hélène et la Galatée, de Gustave Moreau;

Mme Roland, de Jules Goupil;

La Dernière révolte, de Benjamin Constant;

L'École des Vestales, d'Hector-Leroux — on voudrait entrer dans la maison comme maître d'études;

La Charmeuse, de James Bertrand.

Un portrait de femme, de Carolus

Duran, tête exquise — et main de bois ;

Beau portrait d'homme, de Mlle Nélie Jacquemart ;

Le Menuet, de Gustave Jacquet, une peinture du dernier galant.

SALLE XVI.

Les Bébés, frais et roses, de M. Adolphe Leleux ;

Le beau portrait d'homme, de Feyen Perrin ;

Le Vieux Bercy, par un jeune peintre, Antonin Guillemet ;

La Phèdre de Cabanel, dramatique, amoureuse et sombre ;

L'Euterpe, d'Eugène Thorin, belle comme une femme, chaste comme une muse ;

Les Énervés de Jumièges, un Luminais lumineux ;

Un Étang, de Léon Fiahaut, d'un sentiment très poétique ;

La Jeune fille luttant contre l'amour, et ne craignant pas d'être vaincue, par Bouguereau ;

Une belle eau dormante, de Hanoteau ;

Les Pandours attaquant un courrier, toile très pittoresque de John Lewis Brown.

SALLE XVIII.

Deux Gustave Doré—Fantaisies d'un visionnaire.

Un affreux portrait par Jean-Paul Laurens et, du même, un Empereur de quinze ans Honorius, magistralement peint ;

Une *Halte* de Henri Zuber, très poétique, et d'un beau style.

Un excellent portrait de femme d'*Édouard Sain*, plein de noblesse et de dignité patricienne ;

Les *Champs*, par M. Ségé, une des toiles les plus accomplies du Salon, — la poésie dans le paysage.

Le *Matin*, souvenir de Bretagne, par Camille Bernier, — le chef-d'œuvre du maître.

Le *Soir*, par Français, paysage de style, fait pour plaire aux plus difficiles ;

Le portrait de Mlle de Luynes très-jeune encore — une fraîcheur éclatante, par Cot.

Un beau pâturage de von Marck; une toile charmante de Jourdain, la Mère et l'enfant — le Fruit et la fleur.

Paolo et Francesca de Rimini, par Blanchard. — Les têtes sont belles, mais la disposition du groupe n'est pas heureuse, l'homme n'enlève pas la femme, il l'étrangle.

Le Bon Samaritain, par Morot. Le Samaritain peut être bon, mais le tableau ne l'est pas. Mais enfin c'est d'un prix de Rome. — Regardons et passons !

La Nymphe et le Centaure, — par Giaccomotti, — le dernier mot de la peinture académique ;

Les Bords de la Marne, joli paysage d'Yon — d'une fraîcheur délicieuse.

SALLE XX.

Un chef d'œuvre — la Femme à la fontaine, de Henner, — c'est peint avec le pinceau de Corrège ;

Un chien rapportant un lièvre, par Philippe Rousseau — un Rousseau du bon temps ;

Une jeune fille, par Barrias — Je ne sais rien de plus suave, ni de plus vraiment jeune ;

Un massacre de petits oiseaux, par Monginot. — Un fourmillement de plumes multicolores.

La Jeanne d'Arc, de Bastien-Lepage — Bastien-Lepage exécute encore une fois la pauvre Pucelle — c'est horrible.

XXI

La salle XXI, à l'extrémité du Palais, est réservée à la peinture officielle. Il faut regarder :

Le Triomphe de la Sculpture, toile gigantesque, par Tony-Robert-Fleury;

La peinture allégorique du Mariage, par Gustave Boulanger ;

Un grand panneau décoratif, d'Harpignies;

Une Salammbo bizarre, contant des douceurs à un serpent insinuant, par Ferrier.

Le Caïn de Cormon, que je ne voudrais pas rencontrer le soir;

La Saint-Barthélemy, de M. Debat-Ponsan — Catherine de Médicis, des femmes et des mignons, se promenant au milieu des cadavres, très saisissant ;

Grand, gris, terne et triste, Puvis de Chavannes ne plaira pas à tout le monde, avec son énorme carton, Jeunes Picards s'exerçant à la lance. Regardez-le, pourtant ! Nous n'avons pas en France quatre peintres qui soient capables d'en faire autant — et c'est la grande œuvre du Salon.

SALLE XXII

Charles Leroux : Un village des Deux-Sèvres, on voudrait y vivre ;

Compte-Calix : — François Ier mettant des boucles d'oreilles aux carpes de Fontainebleau ; en attendant l'oreille de la duchesse d'Etampes et de bien d'autres.

Karl Daubigny : splendide Paysage d'automne ;

Dupray : le Cheval déferré — la vie, la vérité, la nature ! Bien, Monsieur.

Louis Leloir : la Pêche avec des personnages du XVIe siècle, élégance et recherche.

Adrien Moreau : le Centenaire, collection de jolis minois, entourant un bon vieux, qui doit regretter d'être venu au monde... quatre vingts ans trop tôt.

XXIV

Ici les HORS CONCOURS sont panachés de simples EXEMPTS. Il faut faire un choix.

J'indique Hébé après sa chute, par M. Hugues Merly... La jolie camériste de Jupiter n'a pas cassé sa coupe en tombant; un point, Mademoiselle.

Les ruines du château de Clisson, dans un splendide paysage, par M. de Foucaumont.

XXVI

Ici nous sommes parmi les NON-EXEMPTS — nous y glanons pourtant de fort bonnes choses.

Voici d'abord l'*Abreuvoir*, de Vuagnat — belle étude de vache, très consciencieuse et fort réussie;

Puis une figure de femme très idéalisée, le *Cantique*, d'Antony Serres;

Un Christ au tombeau, de Lesrel : très pathétique;

Un Coq de basse-cour, d'Eugène Claude, merveilleusement peint;

D'admirable bruyère en fleurs, d'Edmond Yarz.

Le Printemps en Normandie, par Max Vallée — frondaisons opulentes, et des fleurs partout.

XXVIII

Les Vanneuses à Saint-Briac, par Laurent-Desruisseaux, peinture aimable;

L'Hallali du sanglier, énergiquement brossé par Tavernier ;

La Nuit verte, par Dardoize, un paysage fantastique, avec des lueurs d'émeraude ;

Le Couronnement d'un doge, peinture décorative, vaillamment poussée, par Alexandre de Cetner ;

Un Troupeau en Provence, d'un très bon aspect, et d'une vérité saisissante, par Frédéric Jourdan.

SALLE XIX

N'y pas rester un an et un jour.

Ne pas regarder le Christ au tombeau, de M. Larcher... Est-il noir, ce Jésus. C'est le bon Dieu des nègres !

— Bien brossé les Pêcheurs à l'épervier, de M. Moutte ;

Jolies et vraies les Fleurs de M. Quost ;

La Sortie de la carrière est énergiquement brossée par Frédéric Jacques.

XXX

Ici nous ne voyons plus de peinture ; mais des aquarelles et des pastels.

Je lis au bas des cadres beaucoup de noms sympathiques, dont je recom-

mande au lecteur les fort jolies œuvres:
Tels sont : MM. Schuller, Galbrund,
Béthune, Théodore Frère, Vidal, Saintin, Palizzi, Lewis Brown, Fantin, — Latour, Guillaume, Dubufle et Rivoire.
Ce ne sont que de petits morceaux :

« Mais on les fit petit pour les faire meilleurs. »

XXXI

Cette salle est réservée aux gravures,
je cite les noms — Il faut voir les œuvres
— d'Alexandre de Bar,
   d'Ernest Boëtzel,
   de Théodore Deblois,
   de Guérard,
   de Girardet,
   de Maxime Lalane,
   de Guillaume de Rochebrune.

XXXII

La salle XXXII appartient à l'aquarelle, —
j'y vois avec plaisir un joli portrait, de
P. Huar ;
   Des pensées, de Bourgoing, aux pétales de velours ;
   Des fleurs, de Lagrange, d'un grand
style — les Gobelins les reproduisent ;

PLAN DU SALON DE 1880

HORS CONCOURS, salles 12, 14, 16, 18, 20, 21, 22, 24.
EXEMPTS, salles 3, 4, 6, 8, 10 et 12.
NON EXEMPTS, salles 12, 13, 15, 17, 19, 23, 26, 27, 28, 29 et galerie.
ÉTRANGERS, salles 3, 5, 7, 9 et 11.
GRAVURE ET LITHOGRAPHIE, salle 31.
DESSINS, salle 33.
AQUARELLES ET PASTELS, salle 30 et 32.
GRAVURE EN MÉDAILLES, salle 25.
SALON DE LECTURE, salle 32.

Un merveilleux éventail du baron Finot. — Chevaux et Jockeys, bien entendu.

XXXIII

Des fusains et des crayons noirs, rien de bien intéressant pour le public qui ne fait pas sa spécialité de ces genres particuliers.

Le long voyage que nous venons de faire, nous amène à l'autre extrémité du Palais que nous avons presque entièrement contournée — Nous traversons, sans toucher barre, les salles I et II, réservées aux projets plus attrayants de l'architecture, et nous entrons dans la — SALLE III — que se partagent les étrangers et les Français. J'y veux signaler une Belle marine, large et lumineuse, de Mme Élodie La Vilette ;

Une dame noble du XVIe siècle, par Villa, doux visage et brocart éclatant ;

Le Taureau vainqueur, dans la campagne de Rome, d'une âpre et farouche énergie.

IV

La salle IV appartient, ainsi que les

trois suivantes VI, VIII et X, à l'heureuse tribu des EXEMPTS. J'y trouve un certain nombre de choses intéressantes :

Une bonne marine, de M. Vernier :

Un lot de chiens, de M. de Penne, accusant l'homme qui connaît ses bêtes ;

Un convoi dans la neige, de M. Perret.

Une nature morte magistrale, de M. Delanoy.

Un beau portrait, de M. Diéterle ;

Un paysage aux vastes horizons, de M. Pointelin ;

Un beau souvenir de la Renaissance, Henri III et Henri de Guise, par M. Aublet.

VII

Ici le tableau regardé, c'est messire François Rabelais, curé de Meudon, dont M. Garnier a bien rendu l'expression sarcastique et railleuse ;

Viennent ensuite les Nymphes et Satyres de M. Foubert ; rien d'antique, mais charmante coloration ;

Oreste et les Furies, de M. Wagrez ;

Le bal de l'Élysée Montmartre, de Béraud ;

La Réprimande, de Mme Lucile Doux, d'un ton très fin;

Deux paysages remarquables de M. Defaux;

Des Baigneuses d'un dessin serré, par M. Benner;

La maison des Naufrageurs, de Mme Marie Lebrun; très pittoresque.

VIII

Beaucoup de force et de vérité dans l'*ex-voto* de M. Ulysse Butin, un homme qui connaît à merveille les habitudes et les mœurs de marine;

Bel aspect de campagne, de M. Lerolle;

Excellent paysage, de M. Watelin;

Très belle étude d'homme et de démon : Satan et Judas, par M. Molin;

Un coin d'atelier, peint avec une rare puissance par Dantan;

Un braconnier, vigoureusement enlevé par Delort;

La Halle au poisson, étonnante de facture par Victor Gilbert, — jeune encore et déjà un maître.

X

Très beau portrait d'homme, par M. Manet ;

Le Bataillon carré, peint avec une fière audace par M. Le Blant ;

Antoniella, par M. Renard : beaucoup de sentiment ;

La Petite Bohème, toile charmante de M. Badin ;

La Lair coiffée par les chiens, sujet cynégétique, que personne n'aurait su mieux traiter que M. de Penne.

Nous rentrons ici dans le SALON D'HONNEUR ; nous le traversons, et nous abordons la section des peintres étrangers avec la SALLE XI, tête de ligne de la galerie parallèle à la nef du Palais, et occupant la partie nord-est du monument.

J'y remarque tout d'abord un excellent portrait d'un général chinois, par M. Vasclav Brozik : — peinture ferme et solide ;

Les Réfugiés, de M. Carpentier, mélange d'élégance et d'énergie ;

Les Victimes de l'histoire, composition dramatique de M. Paul Swedomsky ;

Un portrait d'homme de beau style, par M. G. Lehmann ;

« Après la séance, » aimable tableau de genre très vrai, par M. Anker ;

Des fleurs et des fruits superbes, par M. Robie.

IX

Une marine de M. Mesday, prise sur nature ; la vérité même.

L'Orpheline, de Artz, saisissante à force de vérité ;

Une station de bateaux à vapeur, et un soir d'hiver en Norvège, par M. Smith-Hald, qu'il faut placer parmi les meilleures choses du Salon.

Un bal masqué où personne n'a de masque, par M. Hermann, remarquable par l'entente de la lumière ;

Une jeune fille, — quinze ans — composition exquise de M. Garrido ;

La Plage d'Agon, avec deux silhouettes vivement enlevées, par M. Huyborg.

Un tableau de genre intime, par M. Bisschopp, chef-d'œuvre de sentiment et d'exécution ;

Excellente étude de la race bovine, par M. Otto, Von Thorin ;

Une scène de la vie des champs, par Hugo Salmson, d'une exécution supérieure ;

Des moutons, de Schenck, que je reconnaîtrais entre mille, tant ils sont bien à lui ;

La route de Concarneau, de M. Picknel, — qui accuse une grande justesse d'œil, et une grande habileté de main.

III

Beaucoup de furie et d'écume dans la vague du comte d'Aquila, — par un gros temps à Villers-sur-Mer. C'est observé !

L'Hiver et l'Automne, deux charmants intérieurs, par Burgers, qui peint ce tableau avec une finesse de Hollandais ;

La *Visite de l'atelier*, par Oyens, est d'une grande justesse de ton ;

L'Antichambre d'un ministre, piquante satire, vraie dans tous les temps, par Louis Jimenez.

V

La Route de l'ancien Fondak, à Salé, dans le MAROC, par lord Edwin Weeks, d'une touche singulièrement précise et fine.

La forêt de Fontainebleau, par Langerock, paysage de la bonne école ;

Le soir à l'île de Waderin (en Suède), toute la poésie du Nord, par Alfred Wahlberg ;

Une fête en Italie — une merveille de lumière, par Casanova ;

Blanche de Nevers, par l'Espagnol Palmaroli, beaucoup d'émotion, et de coloration très riche ;

Une Amazone, de Boldini, d'une incomparable élégance ;

Un rêve au bord du lac, par Filosa, la distinction dans le sentiment.

Les cavaliers circassiens, attendant leur chef à la porte d'un monument byzantin, figureront parmi les meilleurs tableaux de Pasini, — après celui-là, je tire l'échelle aux étrangers.

*
* *

Il ne nous reste plus à examiner qu'une seule catégorie de peintres — :

LES NON-EXEMPTS, ceux qui n'ont pas encore fait leurs preuves — la jeunesse, — l'avenir !

Pour les trouver, il nous faut une fois

encore, traverser le salon d'honneur, et gagner la galerie de l'ouest, parallèle à la nef du Palais.

En suivant cette direction, nous trouvons tout d'abord.

LA SALLE XIII

C'est là que M. Cain croit me faire une aimable surprise en me montrant le buste de Marat. Je passe et ne le salue pas !

Je m'arrête; au contraire, devant le joli paysage de M. Dévé. — une allée à Millemont — aimable et souriant petit coin de la grande banlieue parisienne.

Devant le Portrait de Mlle Broisat, par P. Huas.

Devant la Femme en prière, de M. de Dramard ;

Devant la scène charmante que M. Hadamard a tirée du Vîolon de Crémone d'Hoffmann.

« César s'ennuie, dit M. Motte » : Moi aussi ! en regardant son tableau.

XV

Mme Muraton a les honneurs de cette salle, avec un banc rustique, couvert de fleurs très bien peintes ; grand progrès ; grand succès.

Le sacrifice à Esculape, de M. G. Popelin, d'une tonalité charmante ;

Une femme en blanc, de Mlle Berthe Delorme, très harmonieux dans sa gamme candide ;

Rêve d'une nuit d'été, par M. Orry, — Grand paysage de Mattifas, — les Carrières d'Amérique, à Romainville.

XVII

Très beaux Fruits de Minet, — très aimables Fleurs de Thole ;

Délicieux Portrait de la jolie Réjane, par Péorus ;

Coup d'éventail, très coquet d'arrangement, par Paul Tilier.

— Prenez mon ours! par Brunet Houard.

Un ABEL d'un modèle délicat, par Paul Nanteuil ;

La jeune fille et la Mort, d'une coloration vraiment distinguée, par Sarah-Pic Bernhart de la Mirandole, celle qui sait tout, qui fait tout, qui peut tout, et qui est partout !

XIX

Deux importants Paysages de Frédéric Montenard ;

Un Guet à pens, très dramatique, de Mlle Rougier ;

Deux beaux Paysages — un de Baran — Chaumière dans les dunes, — l'autre de Charles Frère : Coupe de bois à Écouen.

Pour retrouver la suite des NON-EXEMPTS, il nous faut maintenant franchir un certain espace, nous transporter dans *far-West* du Palais, et aborder les salles XXIII et XXVII, où nous pourrions glaner encore quelques œuvres dignes d'être offertes à nos lecteurs.

SALLE XXIII

La Veuve dans les larmes, par Renouf.

Une belle vue d'Auvergne, par Champion ;

Le Repos du modèle, par Bompart, d'une excellente tenue et comme couleur et comme lignes.

XXVII

Très jolis types militaires, par Paty;

Grand sentiment religieux dans la Prise d'habit, par Rougeron;

Études de coqs et de poules, d'une coloration vive et juste, par Cottin : on n'a jamais eu plus d'éclat.

Tel est l'ensemble des œuvres, qu'un premier et rapide coup d'œil jeté sur le Salon de 1880, nous permet d'indiquer à nos lecteurs, comme méritant d'attirer leur attention, dans les galeries du premier étage. Pour l'examen détaillé de ces œuvres, et de bien d'autres encore, qui ont nécessairement échappé à notre premier coup d'œil, nous renvoyons le lecteur à notre compte rendu qui paraîtra dans le *Moniteur des Arts*.

SCULPTURE

Nous ne ferons point de guide pour la Sculpture.

Le marbre est immobile de sa nature. On retrouvera les statues à leur place accoutumée, — et on les reverra bien sans doute.

Citons seulement les *clous* brillants où se prend la foule :

C'est tout d'abord le grand lion de Bartoldi ;

La Mignon d'Aizelin ;

La Marguerite d'Allouard ;

L'Ève de Falguière ;

L'Arlequin de Saint-Marceau, qui, lui, est, au premier étage ;

L'Amour au cygne de Thabard ;

Le Lamennais de Léofanti ;

Le Baiser équestre de Leduc ;

L'Orphée de Delaplanche, — et cent bustes, — dont quelques-uns sont fort laids.

Louis Énault

23ᵐᵉ ANNÉE — 1858-1880

MONITEUR DES ARTS

LE PLUS ANCIEN, LE MIEUX RENSEIGNÉ
ET LE PLUS COMPLET DES JOURNAUX D'ART

Paraissant tous les Vendredis (sauf de Juillet à Octobre, chaque Quinzaine).

Rédacteur en Chef : L. ÉNAULT — Directeur-Gérant : A. CHÉRIÉ

Abonnement annuel, partant du 1ᵉʳ Mai 1880,

Paris et Départements : **20** fr. ; — Etranger : **23** fr.

Adresser toute la Correspondance à M. CHÉRIÉ, *Propriétaire du Journal*, 13, rue de Médicis

« Sachant à quel point il importe aux Artistes de connaître l'opinion
« de la Critique à leur égard, nous avons organisé un système d'infor-
« mations sûr et rapide, qui, pendant toute la durée de L'EXPOSITION,
« fera converger entre nos mains tous les Organes de la Publicité
« contemporaine et nous pourrons ainsi faire connaître, par la citation
« ou l'analyse, tous les travaux qui auront le SALON pour objet, et, en
« même temps, indiquer à nos Sculpteurs et à nos Peintres, le nom
« des Journaux et des Revues qui se seront occupés d'eux, ne fût-ce
« que pour une simple mention. (1)

Cette année la **Sculpture** sera chez nous l'objet d'un Compte-Rendu détaillé, car il est vraiment affligeant de voir combien cet Art si important est négligé par la grande Presse, qui croit faire assez en lui consacrant, par acquit de conscience, 15 ou 20 lignes à la fin des Comptes-Rendus du SALON.

Dessins, Gravures, Emaux, Porcelaines, etc.

Enfin nous réserverons une place spéciale à l'appréciation de ces différents ouvrages dont l'importance s'est augmentée tant à cause de l'interdiction des copies qu'à cause des récompenses qui vont leur être attribuées cette année.

(1) Cette innovation dans notre Feuille permettra à chacun de nos Abonnés d'être tenus fidèlement au courant de tout ce qui aura été dit à son sujet dans tous les Journaux et Revues quels qu'ils soient. De cette façon, l'Artiste n'aura plus à craindre de paraître indifférent ou impoli vis-à-vis des écrivains qui auront parlé de lui, et ne sera pas, d'un autre côté dans l'obligation de parcourir chaque jour 30 ou 40 journaux, pour être exactement renseigné.

N.B. — *Correspondance des Artistes* : Enfin moyennant 0 fr. 50 c. par envoi (minimum 5 fr. payables d'avance), M. CHÉRIÉ se charge d'envoyer, sous pli cacheté, à toute personne abonnée, les extraits des Journaux qui parleront d'elle.

*Depuis le 31 Octobre 1879, le Moniteur des Arts a donné le Programme des Expositions d'*Alger, Lyon, Nice, Melun, Bruxelles, Bruges, Gand, Pesth, Dublin, Concours de Neuilly, Concours pour les Mairies de Paris, Pau, Besançon, Le Mans, Bordeaux, Paris (Union centrale), Melbourne, Montpellier, Nancy, Nevers, Marseille, Concours de Sèvres, Auch, Périgueux, Amsterdam, Grenoble, *etc.*

PARIS. — IMP. LE ROY, 7, RUE DE MÉDICIS.

23ᵐᵉ ANNÉE — 1858-1880

MONITEUR DES ARTS

LE PLUS ANCIEN, LE MIEUX RENSEIGNÉ
ET LE PLUS COMPLET DES JOURNAUX D'ART

Paraissant tous les Vendredis (sauf de Juillet à Octobre, chaque Quinzaine).

Rédacteur en Chef : L. ÉNAULT — Directeur-Gérant : A. CHÉRIÉ

Abonnement annuel, partant du 1ᵉʳ Mai 1880,
Paris et Départements : **20 fr.** ; — Etranger : **23 fr.**

Adresser toute la Correspondance à M. CHÉRIÉ, *Propriétaire du Journal*, 13, rue de Médicis

« Sachant à quel point il importe aux Artistes de connaître l'opinion
« de la Critique à leur égard, nous avons organisé un système d'Infor-
« mations sûr et rapide, qui, pendant toute la durée de L'EXPOSITION,
« fera converger entre nos mains tous les Organes de la Publicité
« contemporaine et nous pourrons ainsi faire connaître, par la citation
« ou l'analyse, tous les travaux qui auront le SALON pour objet, et, en
« même temps, indiquer à nos Sculpteurs et à nos Peintres, le nom
« des Journaux et des Revues qui se seront occupés d'eux, ne fût-ce
« que pour une simple mention. (1)

Cette année la Sculpture sera chez nous l'objet d'un Compte-Rendu détaillé, car il est vraiment affligeant de voir combien cet Art si important est négligé par la grande Presse, qui croit faire assez en lui consacrant, par acquit de conscience, 15 ou 20 lignes à la fin des Comptes-Rendus du SALON.

Dessins, Gravures, Emaux, Porcelaines, etc.

Enfin nous réserverons une place spéciale à l'appréciation de ces différents ouvrages dont l'importance s'est augmentée tant à cause de l'interdiction des copies qu'à cause des récompenses qui vont leur être attribuées cette année.

(1) Cette innovation dans notre Feuille permettra à chacun de nos Abonnés d'être tenus fidèlement au courant de tout ce qui aura été dit à son sujet dans tous les Journaux et Revues quels qu'ils soient. De cette façon, l'Artiste n'aura plus à craindre de paraître indifférent ou impoli vis-à-vis des écrivains qui auront parlé de lui, et ne sera pas, d'un autre côté dans l'obligation de parcourir chaque jour 30 ou 40 journaux, pour être exactement renseigné.

N. B. — *Correspondance des Artistes :* Enfin moyennant 0 fr. 50 c. par envoi (minimum 5 fr. payables d'avance), M. CHÉRIÉ se charge d'envoyer, sous pli cacheté, à toute personne abonnée, les extraits des Journaux qui parleront d'elle.

*Depuis le 31 Octobre 1879, le Moniteur des Arts a donné le Programme des Expositions d'*Alger, Lyon, Nice, Melun, Bruxelles, Bruges, Gand, Pesth, Dublin, Concours de Neuilly, Concours pour les Mairies de Paris, Pau, Besançon, Le Mans, Bordeaux, Paris (Union centrale), Melbourne, Montpellier, Nancy, Nevers, Marseille, Concours de Sèvres, Auch, Périgueux, Amsterdam, Grenoble, *etc.*

PARIS. — IMP. LE ROY, 7, RUE DE MÉDICIS.

www.ingramcontent.com/pod-product-compliance
Lightning Source LLC
Chambersburg PA
CBHW030107230526
45471CB00003B/1306